Tulika

अम्मा कहाँ है?

कहानी नन्दिनी नायर चित्र श्रीविद्या नटराजन

For Pranav, Meera and Kieran – Nandini
To my mother – Srividya

Amma Kahaan Hai? (Hindi)

ISBN 978- 81-8146-917-5

First published in India, 2010
Twelfth reprint, 2026

Originally in English

Published by
Tulika Publishers, 305 Manickam Avenue, TTK Road, Alwarpet, Chennai 600 018, India
email reachus@tulikabooks.com *website* www.tulikabooks.com

Printed and bound by
DV Graphics, Chennai, India

किरण अपनी माँ को ढूँढ रहा था।

अम्मा कहाँ गायब हो गईं?

उसने रसोईघर में झाँका।

अम्मा वहाँ नहीं थी।

उसने बाल्कनी में देखा।

अम्मा वहाँ नहीं थी।

कहीं अम्मा बिस्तर पर लेटे
किताब तो नहीं पढ़ रही थी?

पर बिस्तर खाली था।

शायद बिस्तर के नीचे हो?

नहीं।

वहाँ भी नहीं।

कम्प्यूटर के सामने तो नहीं?

पर कम्प्यूटर
तो चालू ही
नहीं था।

कहाँ थी किरण की माँ ?

तभी उसने माँ की चप्पलें देखीं।
फ्रिज के सामने।

"अम्मा, क्या तुम अंदर हो?"
किरण ने पूछा।
कोई जवाब नहीं आया।

“क्या तुम मुझे सुन सकती हो?” किरण ने ज़ोर से पूछा।

कोई जवाब नहीं आया।

"क्या तुम्हें ठंड नहीं लग रही?
तुम क्या कर रही हो?"

इसका भी कोई
जवाब नहीं आया।

किरण ने थोड़ा सोचा।
"क्या तुम
सारा का सारा
दूध पी रही हो?"

"क्या तुम सब की सब बर्फ़ियाँ खा रही हो?"

अम्मा का मुँह भरा है
और वह बोल नहीं पा
रही है, किरण ने सोचा।

“और जैम को खतम मत करो!” उसने कहा।

जब इसका भी कोई जवाब नहीं
मिला तो किरण बोला,

"अम्मा, जल्दी बाहर आओ!"

"अरे! तुम यहाँ हो?"
किरण ने कहा। "मैंने सोचा
तुम फ़्रिज के अंदर हो।"

"**अच्छा?**" उसकी माँ ने
कहा।

किरण ने माँ की चप्पलों की ओर इशारा किया। वह मुस्कुराई।

“फ्रिज के अंदर बहुत ठंड लगी होगी और तुम्हारे पास स्वेटर भी नहीं था,” किरण बोला।

उसकी माँ हँस पड़ी और किरण
को एक झप्पी दी।